경남시인선 136

불면의 밤

강재오 시조집

도서출판 경남

불면의 밤

강재오 시조집

펴낸날 | 2011년 2월 1일

지은이 | 강 재 오
펴낸이 | 오 하 룡
펴낸곳 | 도서출판 경남

주　소 | 631-430 창원시 마산합포구 서성동 66-18
연락처 | (055)245-8818~8819 / 223-4343(f)
홈페이지 | www.gnbook.com
블로그 | gnbook.tistory.com
이메일 | gnbook@empal.com
등　록 | 제2호(1985. 5. 6.)
편집팀 | 오태민 | 심경애 | 구도희

ISBN 978-89-7675-672-5-03810

〔값 8,000원〕

시인의 말

불면을 벗어나고 싶었다.

정말 깊은 잠에 빠지고 싶다는 유혹에서 벗어나고 싶었다. 오랜 시간 동안 앞만 보고 달려온 것 같다.

'눈은 높아지고 지나간 작품은 마음에 안 들고…' 시집을 내지 못한 구차한 변명이다.

긴 시간 동안 문학이 내 곁에 함께 동행한 것은 참으로 다행한 일이다. 문학의 길로 인도해 주신 홍진기 선생님, 관심을 가지고 격려를 아끼지 않은 선배 선생님들, 함께 걸어온 문학 동지들, 그리고 진실한 마음으로 잘 따라준 후배들, 직장동료, 가족들 모두에게 이제야 비로소 감사의 절을 올린다.

신묘년 첫날의 아침 해가 눈부시게 떠오르는 것은 불면의 밤을 벗어남을 알리는 신호탄이다. 새로운 세계로 첫발을 내딛고자 한다.

악몽은 없다. 불면을 벗어나려 한다.

2011년 1월
검암산 자락에서

| 차례 |

Ⅲ. 채미정

Ⅳ. 길목

Ⅴ. 불면의 밤

Ⅵ. 자화상

Ⅰ. 자목련

자목련

이제사
만난 당신은
몹시 그린 나의 연인

온몸을
후려내는
그 넉넉한 즐거움

무지개
일곱 색깔도
비길 수가 없습니다

부푸는
마음만큼
짙어가는 속앓이

서릿발
희어지면
더욱 진한 보라색

따스한

봄이 올수록

불꽃 튀는 네 마음

춘란

구름 물결치고
숲 속엔 이는 바람

아직 못다 벗어
속살은 푸른 번뇌

태울 꿈
가슴에 묻혀
비단길들 아련하다.

실바람도 저어하는
은밀한 안방에는

잔설 앓고 간 곳
정화수 녹아들고

밤이슬
주렴을 걷고
학이 되어 앉았는가

목련 · 1

여항산의 솔향기
맑은 기운 섞여서

곱디고운 자태로
순백으로 피었구나

그 옛날
들국화 향기
다시 진동하누나.

목련 · 2

숨죽이는 전주곡이다
소리 없는 기쁨이다
새하얀 폭죽이 여기저기 터진다
계절을
열어젖히는
화려한 불꽃놀이다.

화끈한 꽃망울이다 휘날리는 꽃송이다
예쁘게 파인 볼우물에 감추지 못한 웃음
계절이
선물해주는
무한의 봄놀이다.

찔 레

구름 저편 산언덕에
지천으로 엉긴 덤불
창백한 얼굴에
화장마저 없는 순수

아
찔
한
향기만으로도
순이보다 예쁜 꽃

달맞이꽃

싸늘한 눈매로 장막 뒤에 숨는 당신을
밤새도록 품에 안고 정념을 태우고자
후미진 길섶에 서서 달이 뜨면 웃는다.

청솔가지 한바다 넘실대는 숲 속에
솔잎 향 흠뻑 마시며 맴을 도는 달빛에도
잡힐 듯 잡히지 않는 아른거린 너의 얼굴

희열보다는 떨림으로 훔치다 만 입술에
심장의 자맥질은 달무리로 번져가고
큰 기쁨 눈부신 가슴 시리도록 노란 꽃

앵 두

하모니카 선율이듯
단물이 톡톡 튀고
송알송알 열리는
웃는 아기
작은 입

환하게
상큼 내딛는
이른 여름의 한낮

난蘭 전시회에서

이슬에 목을 축이면 저며 오는 봄내음이
빼어 문 하얀 입술 뿌리까지 스몄던가
마음의 심지를 돋우고 외등 하나 밝힌다

무심한 돌바위에 지성으로 내린 뿌리
이슬만 먹고 자라 순백으로 버틴 삶
청초한 고아함에는 향기 외려 드높다

꽃잎은 바람에 실려 더운 입김 휘감기고
그리움으로 흐르는 눈 시린 강물 우에
오로지 한 가닥 마음 물결 타고 떠간다

개화開花

말을 할까 그냥 갈까
바람에다 눈을 줄까
묻어나는 봄소식을
하늘에다 발라보랴
빙긋이 내뱉는 미소에
일렁이는 속마음

연연한 사랑으로
무슨 말을 다물었나
아직은 못다 한 정
가슴 열어 줄라치면
봄 내음 후끈한 향기
몰아쉬는 가쁜 숨

열릴 듯 다문 입술
실루엣 벗는 몸짓
유혹도 숨이 차서
눈짓 하나 결이 고와
동트자 만개한 웃음
절로 이는 봄바람을

Ⅱ. 낙동강

낙동강洛東江

굽이치며 솟구쳐도
울음 하나 들리지 않는
묵묵히 순리대로
유
유
히
맴돌면서

깊숙한
속내로만 운다
그래도 흘러가며

강물은 자연스레
몸 섞어 하나 되고
더욱 큰 흐름으로
묵
직
하
게

뒤척인다

용틀임
그 와중에서도
낯빛 하나 흐림 없이

합강정*

대산면
장암리
동박골
합강정사
청설모도 혼자서 지새우는 상봉정
사월루
환한 달기둥〔月柱〕
강폭을 채우는데

치마폭을 사리며
남강은 안겨들고
세월은
색깔도 없이
굽이돌며 몸을 섞다
합강合江의
길목에 서면
물은 하나뿐인 것을

*합강정 : 함안군 대산면 장암리 용화산 북편으로 남강과 낙동강이 합류하는 경치 좋은 절벽 위에 합강정이 있다. 남강과 낙동강이 합류하는 지점이라서 합강정이라고 한다.

월연정月淵亭*

두어 그루 흰 소나무
버티고 선 벼랑 위에
반 천 년 젖은 눈으로
웅크리고 앉아서
달빛을 남천에 풀어
쪽빛 머리 감고 있다.

운문산 정기 담고
비슬 계곡 그리매로
동천 북천 합강 되어
뒤척이며 흐르는 여기
큰 자라 찬란한 물빛에서
세월을 낚고 있다.

* 월연정 : 밀양시 용평동 2–1번지에 있는 월연정은 밀양시 용평동 월경연月景淵 언덕 위에 있고, 조선조 중종 때 한림 이태가 창건한 별업別業이다. 월경연은 동천과 북천이 합류하여 안고 돌면서 심연을 이룬 강상江上의 호수인데, 달이 뜨면 길게 강물에 비치는 월주경月柱景이 장관을 이루는 곳이다. 월연정의 경내에는 월연대, 제헌과 같은 건물 외에도 한림대, 탄금암, 백송과 행단杏壇 등 풍취가 넘치는 유적 명소가 많다. 특히 백송은 소나무 껍질이 희다고 붙여진 이름인데 전국에 몇 되지 않는 희귀한 수목이다.

눈 · 1

눈 내리는 논둑길을
우산 없이 걸어본다.
길섶에 싸르락
하얗게 듣는 소리
저렇게
부드러운 눈도
소리 낼 줄 아는 것을

차가운 감촉마저
땅에 닿자 스미더니
바람 타고 춤추는
밤 허공을 맴돌다가
메마른
나뭇가지 위에
설움처럼 쌓인다.

눈 · 2

무언으로 무언으로,
순백의 침묵인데
보도 위에 내린 눈을
즈려 밟고 가다보면

뽀
드
득
발걸음마다 흔적을 그려낸다.

매화 묶은 등걸에
목이 쉬게 쌓였다가
뒤채는 바람 따라
설움으로 흔들리다

없
는
듯
은은한 자태 그리움 되어 내린다.

지리산 · 1

—개선문*을 지나며

신선 너들 거센 바람에
천왕봉은 숨이 차고

법계사 작은 나무는
옷깃 다시 여미는데

개선문
바위 돌아도
속세는 따라오고

*개선문 : 지리산 법계사와 천왕봉의 중간에 개선문이란 바위가 있음.

지리산 · 2

—천왕봉

낯익은 모습으로
찾아왔다 사라지는

각질보다 더 깊은
이 아픔의 생채기에

달빛이
부서져 내린다
큰 바위가 주름진다

지리산 · 3

— 대성계곡

구름을 열어놓고
하늘을 칼로 베면

산 싣고 해를 담아
쏟아지는 폭포수

마음의
때 묻은 시름
씻어내는 저 물소리

지리산 · 4

―고사목

다한 목숨 제물 삼아 흰옷 입고 안은 세월
문드러진 두 손 벌려 하늘 괴고 선 형벌
쪼개진 등줄기마다
저리 피가 흐른다

벌거숭이 온몸으로 세월을 짓이기다
흩날리는 눈발에 하얀 꽃이 절로 피고
가슴뼈 마디마디엔
허허로이 쌓인 울음

Dead Trees

Kang, Jae-O

Offering their due lives as sacrifice
They stand in white robe embracing the years,
As if under a punishment, they prop the sky
With their worn out, spreading hands
Bleeding in every cracked trunk.

Kneading the years with their naked bodies,
Bearing white flowers spontaneously
When snow sweeps through,
With lonely cries suppressed
In every joint of their chest bones

〈영역 : 이정원〉

방어산*

박실*자락 장옷은
너울로 둘러쓰고
풋풋한 칡 내음
향기 찧어 뿌리며
발아래 뜬늪* 들판을
거울삼아 걸었다.

바뀐 주인 열이 넘어도
큰 무게로 지킨 고향
노을보다 짙은 사연
진달래가 입을 열고
말로 다 못하는 노래
꽃잎으로 낯 붉힌다.

두견화 타는 불길
남강 우에 비친 화염
아픔으로 새긴 세월
산수유가 익는데

흰 구름 이는 산머리
하늘 나는 마당바위

*방어산 : 경상남도 진주시 지수면과 함안군 군북면 경계 지점에 있는 산. 해발 고도 530.4m이며 경상남도 함안군과 경계를 이루고 있는 산이다. 한국전쟁 때의 격전지.
* 박실 : 박곡朴谷마을의 우리 이름.
* 뜬늪 : 수곡水谷마을의 우리 이름.

용두산 소묘

동백나무 우거진 숲을
바람 따라 걷다보면
해풍으로 머리 감고
세월에도 의연한

반공에
우뚝 선 자태
용두산이 거기 있다.

구룡폭포에서

억 년 버틴 구룡대에서
아
찔
히
내려다본다
그 깊은 골에 버려진
하늘 닮은 상팔담

여덟 낱
천상의 구슬
누구 목에 걸 것인가.

하늘 문을 칼로 베어
환하게 열어 놓고
구불구불 굉음으로
그 힘찬 날갯짓으로
긴 세월
벼랑을 타고
승천하는 아홉 마리

만물상을 오르며

기암절벽 좁은 골
굽어 돌며 오르면

장군바위,
말바위,
칠층암,
안심대

만물은
그대로인데
전설만이 무성하다

Ⅲ. 채미정

만파식적

내 깊은 수심에서
울려오는 이 소리는

바람 거슬러
솟음 치는
거부 못할 욕망을

잠잠히
일렁이게만 할
대피리 소리라오.

계림에서

금괴 걸린 가지는
어느 나무였던가
서기 어린
계림에서
닭 울음 났다더니
김알지
탄생지에서
내물왕도 곤히 잔다.

기파랑 서리 기상
큰 바위에 새겨지고
맑은 개울
흐른 지는
천 년이 넘었건만
계림 숲
한 귀퉁이에서
충담사가 쉬고 있다.

악양루*

때마침 봄비가
가로 흩는 악양루
참나리 자란 틈새
태공 두서넛

이끼는 시간을 안고
비에 씻겨 흐른다.

*악양루 : 경남 함안군 대산면 서촌리 산 122 악양 마을 북쪽 절벽에 있는 정자로, 조선 철종 8년(1857)에 세운 것이라 한다. 누상樓上에서 바라보는 전망展望이 좋아, 중국中國의 명승지名勝地인 악양岳陽의 이름을 따서 지었다고 전하는데 옛날에는 "기두헌倚斗軒"이란 현판懸板이 있었다고 하나, 지금은 청남 오재봉菁南 吳齋峯이 쓴 "악양루岳陽樓"란 현판懸板밖에 없으며 현 건물建物은 1963년 중수重修한 것이다.

첨성대 앞에서

투박한 허리통도

채신머리도 잊은 채

회한의 뒤안길로만

성큼성큼 걸어오더니

오호라,

천년 신라여

네 여기 있었구나!

반월성*

여백을 둔
반원으로
궁성이 놓인 곳에
수천 년
장송은
묵묵히 줄을 서고

서라벌
후예들만이
의기양양 드나든다

*반월성 : 서기 101년 파사왕 22년에 신라의 왕성으로 축성되어 신라가 망하는 서기 935년까지 궁궐이 있었던 곳이다. 지형이 초승달처럼 생겼다 하여 '신월성新月城' 또는 '월성城' 이라 불렸으며, 임금이 사는 성이라 하여 '재성在城' 이라고도 하였다. 조선시대부터 반월성半月城이라 불려 오늘에 이른다.

채미정*

푸른 숲
바람 따라
일렁이는 대이파리

완고하게
굳은 돌에
새겨놓은
百
世
淸
風

아직도
채미정 아래
맑은 물은 흐른다.

*채미정 : 조선 단종 때 생육신의 한 사람인 어계 조려 선생이 세조의 왕위 찬탈에 격분하여 조정을 등지고 고향인 함안군 군북면 원북리에 들어와 여생을 지낸 곳.

마애불*

두툼한 일기로
시간을 안고 서서

즈믄 해 쌓은 불심
마애불로 숨을 쉬고

상기도 긴 웃음으로
고향 지키는 수호신

바람이 부벼대고
구름이 손때 묻혀

터지는 소맷자락
파편 튀는 옷고름

마애불 입 끝에서는
휘파람이 묻어난다.

*마애불 : 함안군 군북면 하림리 방어산(마애사 뒤)에 있음. 방어산 절벽에 새겨진 마애약사삼존불입상으로 통일신라 애장왕 2년(801)에 만든 것이다.

의령소묘 · 1

— 정암루

휘감기고 나부껴도
네 눈물 푸를진대

잦은 굽이 물결 위에
떠서 가는 햇살들

정암루
의연히 서서
남강물을 마신다.

의령소묘 · 2

—충익사*

이내 한 몸의 영화 안락은
풀잎의 이슬이라

대푸른 남산 아래
맑은 바람으로 앉은 탑신

충익사
아침 햇살에
시름 잊고 노는 잉어

*충익사 : 임진왜란 때 최초로 의병을 일으켜 나라를 지켰던 홍의장군 곽재우와 그 휘하 장병들의 위패를 모신 사당과 의병의 전적도와 유물을 전시한 기념관, 충의각이 있음.

의령소묘 · 3

—자굴산

갑을 돌아 다래 길
반공 위에 놓인 산사山寺

칠곡 계곡 흐른 은하
거울 되어 고이고

미리섭 그늘 아래서
머리 감는 흰 구름

콩코드 광장*에 서서

콩코드 붉은 광장은
피 냄새가 묻어난다.
빗자루로 쓸어놓고
모래로 덮었지만
힘차게
내뿜는 분수
짙붉게 쏟아진다.

여신들의 호위 속
정갈한 넓은 광장
소용돌이 강물로
오벨리스크도 끌려오고
아무리
화합을 말해도
이방인은 외로 섰다.

*콩코드 광장Place De La Concorde : 1753년 루이 15세에 의해 조성된 이 광장은 샹젤리제 거리와 루브르 박물관 사이에 있다. 18세기에는 루이 15세 광장, 프랑스혁명 이후에는 대혁명 광장, 그 뒤 루이16세 광장, 1890년 7월혁명 이후에는 지금의 콩코드 광장으로 불리었다. 프랑스혁명 때 이 광장에서는 루이 16세와 마리 앙투아네트를 비롯한 1,343명이 단두대의 이슬로 사라졌다 한다. 광장 중앙에는 1831년 나폴레옹이 이집트의 총독으로부터 선물 받았다는(?) 무려 3천 년(기원전 13세기)이 넘는 40m에 이르는 룩소르의 오벨리스크가 세워져 있다.

몽마르트르 언덕에서

—무명 화가

골목 골목 짙은 커피 향
바람에 섞여 배어나고
정방형 그 언덕엔 고흐의 낮은 숨소리

서늘한
바람 불어도
붓을 안고 꿈을 키운다.

르누아르 흔적으로
골목길을 밟아보지만
이 언덕에 부는 바람 잡을 길이 없는데

싸구려
그림카드만
구름 따라 흔들린다.

네카어 강Neckar*

황토 빛 무리 되어
흘러가는 강물은
가끔씩 강변으로
한두 발씩 내어 딛고

흐린 날
까마귀 떼가
물 구경을 나왔다.

*네카어 강 : 젊은 시절 괴테가 어느 여인에게 사랑에 빠진 장소이기도 한 하이델베르크 성 주변에는 낭만과 지성이 넘치는 하이델베르크 대학이 있으며 7명의 노벨문학상 수상자가 나왔고 아름다운 유럽풍의 저택과 유유히 흐르는 네카어 강이 있다.

로렐라이 언덕에서

일흔 두 개 고성古城을 뚫고
정지한 시간도 고이 접어
아득한 절벽 돌아서면
하이네가 미소 짓는 곳

요정도
바위 위에서
긴 머리 흩날리며 사랑 노래 부른다.

독일 병사처럼
두 어깨를 감싸 안고
라인 강물은
돌아오지 못할
로렐라이를 돌아서

눈물도
사랑도 두고
소용돌이로 흐른다.

Ⅳ. 길목

길목 · 1

—겨울 새벽이 오는

허공을
째는 듯한
경전선*
기적 소리에
어둠은 숨을 고르며
장막으로 스며들고

시린 듯
싸늘한 야차夜叉
낙엽을 밟고 섰다

흰 서리
발돋움으로
머리끝을
세울 즈음
내 불면의 부피만 한
눅눅한 이불을 개면

모닥불

피어오르듯

또 하루의 해가 뜬다.

* 경전선慶全線 : 삼랑진역과 광주 송정역을 잇는 철도로, 경상도와 전라도를 연결한 철도라는 뜻에서 두 도의 첫 글자를 따서 경전선이라고 하였다.

길목 · 2

—봄이 오는

늦겨울 기침 소리에
봄은 하마 다가서고
어느덧 도타운 빛
휘저으면 감길 듯

높낮은 산자락마다
수줍은 분홍빛이

간간이 불어오는
봄바람에 흔들리다
감고 본 고향 길은
꿈속마다 선연하다

떠나온 내 가슴에도
봄은 아직 있는 것을

삼봉산 그 너머에
머문 듯 걸린 낙조

자운영 잎새마다
채색하듯 물들인다

올봄은 가야 벌판에
해일처럼 밀려오고

길목 · 3

—가을이 가는

청무 껍질 벗겨
목을 넘던 허기처럼

풀빛 같던 내 유년을
주머니에 모두 넣고

가을은 첨벙거리며
산을 넘고 뛰놀더니

한로, 상강 건너고
입동, 소설 지나면서

계절을 안은 칡넝쿨은
허리마저 꼬이는데

가을은 감나무 끝에서
희희낙락 웃고 있다.

길목 · 4

—불혹의 한가운데서

한 발 한 발 걷다보면
힘에 겨운 자갈길
조금씩 비껴가며,
흘리기도 하면서
흐르는 맑은 물처럼
고이가자 했는데

낭자하게 푸른 하늘로
마른입도 다셔가며
내 삶을 한 짐 지면
빈 바람에도 휘청인다
돌다리 건너다 말고
문득 뒤를 돌아본다

남들은 이 무게로
어찌 길을 건너갈까
절망이 반이라지만
희망 또한 반이 넘지
어깨에 또다시 한 번
불끈 힘을 주어본다

길목 · 5

—남해에서

계절을 기다리는 간절한 믿음으로
쉬임 없이 넘나드는 돌산대교 비린 바람
남해가 엷은 미소로 거기에 누워 있었다

어눌한 사랑은 아쉬움을 남기고
못다 한 그리움은 미련만이 남는다더니
다시 본 여수 앞바다 변함없이 누워 있다

표정 하나 바꾸지 않고 인내하는 고통과
눈 감아야 볼 수 있는 이 회상의 남해에서
그대는 저만치에서 바다처럼 웃고 있다

길목 · 6

—비 오는 날

바람에
순응하듯
세로줄로 비가 온다.

신호등도
없는데
빗금으로 비가 온다.

온종일 내 마음속에는
가위표로 비가 온다.

길목 · 7

—선배 교사의 퇴임식에서

아무것도 가진 것 없이
헤어지는 오늘이지만
미움도 기쁨도
지나가는 바람일 뿐

연연히
떠오르는 회포는
손에 가만 쥐소서

뜻 하나 마음 하나로
가꿔 오신 서른 해
은빛 서리 녹이시고
푸른 싹을 틔우시듯

나머지
예순 반생은
기쁨 가득 지내소서.

길목 · 8

—가을 갈대

큰 바람 거센 비 뜨겁게 타던 햇살
내젓는 손사래 굽어 버린 허리춤
잔잔한 가을바람에도
저리 겨워하는가.

빗속에 젖어 눕고 바람 불어 뒤채어도
흰 구름 닮아 가는 새하얀 머리칼로
마지막 불혹의 열정
하늘에다 뿜는다.

길목 · 9

—동재기나루*의 새벽

질주의 불을 켜고
달려드는 굉음 사이

올림픽대로에
불면의 새벽이 오면

한강은 몸을 뒤채며
엉금엉금 기고 있다

소름 돋는 거머리가
저만치 달아나도

새벽마다 강물은
치마끈을 풀어놓고

잉태한 쓰레기들을
출산하고 있었다.

*동재기나루 : 동작나루(동재기나루)는 문헌에 보면 과천현 북쪽 18리에 있다고 돼 있다. 지금의 용산구 동부이촌동의 모랫벌과 동작구 동작동을 왕래하는 나루

길목 10

—꿈

따뜻한 마음으로 꿈을 먹고 사는 그댈
차돌 같은 믿음으로
'내 빛' 이라 여기면서
지순한
마음 하나로 '내 님' 이라 불렀거니

감정의 편린에 시달리지 않으려고
이 촘촘한 호흡 틈으로
가난한 촛불을 켜면
자유는
자유를 찾아 불빛 뒤로 돌아앉고

힘주어 안고 안아도 빈 껍질만 남길 것을
외로이
미련의
쳇바퀴만
돌리는가

오늘도
달빛을 타고 비상하는 꿈을 꾼다.

길목 · 11

—도회지에서

지하철 계단으로 여자들이 길을 간다

하나같이 꼭 닮은 미녀들이 걸어간다. 생기 없는 표정과 의미 없는 웃음까지 화장품 선전 속의 그 여자와 꼭 닮았다. 입도, 눈썹도 눈화장에 색조까지, 섹시 넘버 1, 핑크키스 222, 사이키 오렌지*로 가면을 만들어 쓰고 꼭 같은 걸음걸이 빼다 박은 몸치장으로 미녀와 추녀를, 순이와 영자를 위아래만 쳐다보곤 가릴 수도 없었다. 제조 번호가 다를 뿐 복제 인간이 길을 간다. 텔레비전에 나오는 이런 선전 어떨까?

"제품은 같아 보여도 품질이 다릅니다."

* 섹시 넘버 1, 핑크키스 222, 사이키 오렌지 : 1990년대 중반의 화장품 이름들.

길목 · 12

—바다

검바위 끝에 앉아
시퍼렇게 울던 그대
심연에서 꿈틀대며
전율하는 너를 보면
이 한밤
저미어 오는
내 가슴이 여기 있다.

들끓는 가슴을
무엇으로 잠재우나
아름다운 눈물로
끊임없이 토해내며
찰나는
허무의 탑을 쌓으며
안간힘을 쏟고 있다.

길목 · 13

— 가을밤

노랑으로 빗질한
마음 허공에

붉은 감이
석양에 잠기어 가면

별들은
하나 둘 모여
등불을 내다 건다.

길목 · 14

—엉겅퀴

오월의 비둘기
목이 쉬는 더운 울음
졸린 눈 겨우 뜨고
짙붉게 피어나서
진득한
그리움으로
목을 길게 내민다.

보릿대 타는 내음
앞을 가린 유월 안개
잊혀진 향수는
다시금 기억되고
잔잔한
유년 시절이
물감처럼 퍼진다.

보푸라기 머리칼에
새하얀 솜을 달고
가느다란 바람에도
나비처럼 날고파

비행飛行을

꿈꾸고 있는

마지막 남은 한 잎

길목 · 15

—미친 계절

자운영 변함없이
붉은 무리로 피어나듯
계절도 열풍으로
하늘까지 붉게 탄다

뜨겁고
무거운 세월 업고 선 저 바위도

민들레 꽃씨가
봄바람에 사픈 날듯
내 마음 가장자리를
짓누르던 바윗돌도

솔바람
유월의 밤에 비상飛翔의 나랠 편다.

길목 · 16

— 입하立夏

숨 잦은
봄비로
남강은 꿈틀대고
부끄럼 탄
백일홍이
손사래 내저어도

새파란
보리 내음새
여름 성큼 다가선다.

수 행

지워라 없애라
버리고 또 버려라
태우고 죽여서
비우고 또 비우라
치열한
속 비움만이
우주로 가는 길목이다.

"이 뭐꼬?" 화두 하나
가슴에 담고 살다보면
너와 내가 하나이고
만물이 같은 경지
마지막
우리 가는 곳
별빛 환한 그곳이다.

금수암*

결 고운 설매죽을 울 삼아 둘러치고
오로지 솔바람만 자유를 허용하는 곳
해맑은 풍경 소리가
마음을 휘젓는 곳

날렵한 처마 끝을 하늘 속에 담가 두면
청동빛 물고기 하나 유유히 헤엄친다.
세속은 던져두어야
해탈을 이루는 곳

*금수암 : 산청군 금서면에 있는 암자.

금수암 주변

청국장 장독들은
잉태한 몸짓으로
동짓달 별 아래서
좌선을 하고 있다.
진하고
농익은 냄새
탈속의 배냇짓이다.

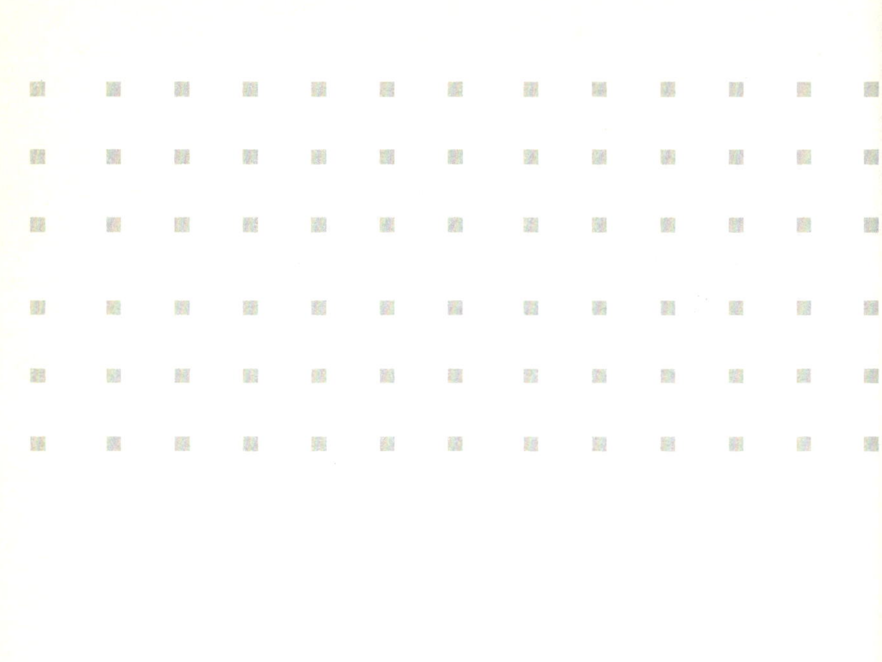

V. 불면의 밤

기말고사

시작종은
팽팽한 줄을 당기고
긴장은
시퍼런 칼날이 된다.

뜻 모를 문제들이
어지럽게 춤을 추고

지난밤 외운 공식도
잔기침에 사라진다.

알 듯도 한 이 문항은
농무 속에서 맴을 돌고

쏟아 놓은 답안만큼
머릿속은 휑하다

아이는 터널을 지나
또 한 뼘 자란다.

추 억

언저리만 멈칫 돌다
안개처럼 떠난 봄이
청보리 머리끝에다
노란 물을 들이면
고소한
밀서리 냄새
내 유년이 달려온다.

반바지 코흘리개
손등 터진 땟국 낀 손
엉겨진 부스럼머리
서로를 마주보며
시커먼
입술을 열고
하얀 이로 웃던 유년

졸업고사

기운 빠진 햇볕이
졸고 있는 오후의 운동장
간단한 뜀박질로
저학년이 몸을 풀고
교실엔
졸업고사가
팽팽한 음을 낸다.

가물거리는 의식으로
버텨 앉은 이 책상
고갯마루 힘에 부친
자동차가 숨이 차듯
이따금
한숨 소리가
기적처럼 울려온다.

으레 지나야 할
과정상의 의식 치레
이 시간을 넘기면
얼마만큼 자라날까

시험지
넘기는 소리
또 한 고개를 넘는다.

동창회

낯선 바다가 옛날을 얘기한다
흔적 없는 회억에 물결만 깜박이고
석양은
불그레하게
저물어 갈 뿐인데

검푸른 바다, 흰빛 파도는
바위 끝 치마끈을 보채고 있다.
어두운
기억 속에는
소리만이 흩어질 뿐

허공을 꼬집으며 소리 내는 흥겨움도
주름진 각질에 살며시 스며들어
빛바랜
어린 추억을
화장으로 감춘다.

환 생

백악기 원시림 중생대 타는 태양
그림 한 폭 베어 담아 화석으로 숨겼더니
두터운 각질을 벗고 보란 듯이 발 내민다.

태고의 잔물결이 맴돌다 굳어버린
떡시루 물가에서 족적 떠다 감췄더니
수억 년 멧새 떼들이 하늘 날아오른다.

보라, 여기 빛나는 땅 산새들이 놀던 이곳
용산*의 절반쯤에 허리춤을 터뜨리며
인연의 굴레를 벗고 다시 비상하고 있다.

*용산 : 경남 함안군 칠원면 용산리 산4번지의 새발자국 화석이 있는 산.

어머니

가녀린 봄비에도
김이 서린 속마음

무명베 앞치마
열두 폭에 묻힌 사랑

늦추위 휘몰아쳐도
새순으로 돋는 그리움

생 각

동짓달 눈서리도
녹여내는 속마음을
열두 폭 무명치마
주름마다 감싼 사랑
눈바람 살을 에어도
새순으로 돋으셨죠.

삼동내 언 손발을
가슴에 품어내던
어머니, 그 사랑이
이 유년의 그리움이
끝끝내 타는 불 되어
갈수록 뜨겁구려.

봄 탓

가끔은
어깨도 빌려주던 그대였지만
빗장 걸고 돌아앉던
내 분에 넘치던 이
가신 님
허한 모퉁이
목에 차는 이 노래

자운영
무리지어 붉게 퍼진 언덕에다
휑한 폐부 빈 가슴의
그믐달이 등을 대면
악몽은
명치끝에서
온몸을 쑤셔댄다

삼봉산
마루에다 머문 듯 걸린 낙조
해지고 터진 가슴을
메울 수도 있으리

감아도

선연한 노을

이 어찌 봄탓이랴

너에게

동해 일출 빼다 닮은
선홍 빛 붉은 그댈
가슴에 감싸 안고
묵혀 둔 입맞춤이

남강 물
유려한 포옹에
다시 피는 꽃잎, 꽃잎

낙 엽

얄따란 햇살에도
수분마저 마르는데
거세당한 도회의
치유 못할 신음으로

힘없이
여위어가는
내 모습이 여기 있다.

낙엽의 독백

뜨거운 열애일수록 미련은 큰 것인가
떠나야 할 계절이라 문을 열고 나서 보지만
인연을 놓지 못하고
가지 끝에 매달린다.

얇아진 가을볕에 가쁜 숨을 참아도
구절초 짙은 향이 찻잔 속에 스며나듯
숨기고 감춰보지만
발갛게 익는 얼굴

오늘만은 손을 놓고 바람 따라 떠날련다
실핏줄이 도드라지는 그대의 진한 사랑
벽공碧空에 날려 보내고
지천으로 타고 싶다

비 오는 날의 바다

바다 위에 가로놓인
붉은 다리를 지나면
나지막한 바다는 하염없이 뒤척이며
하늘을
닮은 빛깔로
검푸른 무명옷을 감고 있었다.

저승같이 내리는
그리움을 보려고
갯벌을 보채면서 손바닥을 펴보면
별빛도
사라진 바다는
절절히 방울 튀며 끓고 있었다.

출렁이며, 뒤척이며
끊임없는 몸부림으로
심연의 간절한 갈증까지 마셔 가며
바다는
가쁜 숨 내쉬며
끊임없는 파도로 울고 있었다.

빗돌을 세우고

유산된 언약을
양지 틈에 묻어 놓고

형벌 같은 통곡으로
빗돌마저 세우지만

아무도
내 사랑을 위해
눈길 주지 않았다

눈물은
내 아픈 늑골을 적시고

절망의 무게는
빈 가슴에
차오르지만

소중한
약속 하나는
심연에다 묻고 산다

불면의 밤

잡힐 듯 잡히지 않는
낯익은 기침 소리

보라색 장막을 걷고
미련의 문을 열면

아릿한 바람을 타고
불면이 창을 넘는다.

속살이 부끄럽게
겉옷 속옷 벗어 놓고

감췄던 사랑이며
눈물까지 꺼내 놓으면

당신은 그리움의 두께만큼
뒷걸음을 치고 있다.

가을에 생긴 버릇

풍만한 가을이
유혹하는
이 한낮에

허리 굽혀
행간에서
졸음을 비빌 때도

자꾸만
텅 빈 하늘에
두 눈이 시려 온다.

Ⅵ. 자화상

자화상

구름에 내다 던진
빛바랜 그리움도

속살까지 파고드는
욕망도 접었지만

입술엔
너의 노래가
루즈처럼 묻어 있다

허무를 껴안고
잠에 빠진 언약도

앞바람에 묻혀 온 살갗 같은 훈기에도

아는가
저녁놀 타는 곳에
다시 이는 징소리를

한가한 날

거센 비
쏟아지면
스멀대는 이 욕망은

빗장 지른
속마음에
슬며시 다가와서

열었다
닫았다 하며
부끄럼을 캐고 있다.

덩굴장미

토담 안은
붉은 장미
고향 같은
정경이다.

툇마루에
누우면
황톳빛
뻐꾸기 소리

장미향
우거진 덤불
울을 치며 살고 싶다

오월의 기억

연보라 망사 쓰고
자운영은 요란하다
산비둘기 울음으로
또 한 굽이 넘다보면
유월은
산 너머에서
기웃기웃 서성인다

감춰둔 봄

너와
나의
애틋하고
절망하는
이별을 위해

소리 없이 정지해버린
허허로운 이 봄을

한줄기
담배 연기에 감싸
심장에다 심는다.

오월의 강가에서

사랑을 썰어놓고

계절은 이별을 마시며

나룻배 강물 가듯이

숨이 잦은 오월을 저어간다

무심히

흐르는 강에

돌팔매도 던진다.

대병리* 사람들

내 삶의 절반쯤을
물속에도 묻어 두고

떠나지 못한 사람
구겨진 가슴마다

비워도
흐르는 설움
수심만큼 물이 찬다.

떠나지 못할 고향
불면의 밤은 길어

열 밤을 드리워도
빈 달만 걸려 있고

사랑채
기침 소리만
비몽간에 낡는다.

* 대병리 : 합천군 대병면 합천댐에 수몰된 마을.

어느 날

깃털 같은
구름을
하늘에다
풀어두고
꿈꾸듯
흐르며
불심같이
살자터니

짧다란
미풍 하나에도
회오리로 흩어진 날

여 행

빠르게 달리는
시간에서 잠시 내려
길가의 풀섶에
쪼그리고 앉았다

이곳의
어디쯤엔가
내 쉴 곳이 있을거다

따스한 내음새는
폐부에 젖어 오지만
살갗을 스치는
바람만은 차갑다

한 걸음
또 한 걸음씩
나를 찾아 떠난다.

우화대

먼 훗날 번성할 조국
신념으로 바친 희생

지나는 나그네의
눈물눈물 아픈 빗물

중화문
남단 언덕에
꽃비로 흩날린다

| 평설 |

다양한 사물들에게 묻다

신웅순

| 평설 |

다양한 사물들에게 묻다

신웅순 시조시인 · 평론가 · 중부대 교수

1. 들어가며

시인의 시력은 20여 년이나 된다. 두어 권 정도의 시집을 낼 수 있는 연조이다. 그러나 지금까지 한 권의 시집도 내지 못했다. 그만큼 신중을 기했기 때문일 것이다. 이는 작품에 대해 최선을 다한다는 뜻이다. 그만큼 작품에 대한 책임감도 강하다. 문학 창작의 모범적인 기본자세이다.

> 1979년 함안여중 · 고에 국어교사로 부임하면서 문예반을 맡게 되었고, 학생들 특별활동 시간에 문학을 수업해서 각종 대회에 출전시켰습니다. 여학교이다 보니 잘하는 학생들이 많이 있었고, 제

꿈도 다시 키울 수 있었습니다. 이때만 해도 자유시를 강의하고 시를 짓곤 했었습니다. 연말에는 일 년 동안의 시를 모아 프린터를 해서 120쪽 분량의 수제 작품집을 150권 만들기도 했습니다. 작품집 이름은 학교의 교화인 '들국화' 이름을 넣어 "들국화의 노래"라고 해서 10일 동안 몸살이 나도록 손으로 프린트를 밀어서 만들었습니다.

시를 제출한 학생들에게 한 권씩 나누어 주었는데, 한 달도 지나지 않아 어느 엿장수의 엿을 싸는 종이로 사용되는 것이 눈에 띄었습니다. 절망했고 '다시는 시를 짓지 않아야겠다."는 생각을 하게 되고 특활반 학생들 수업도 나 자신 스스로 시들해졌습니다.

—시인의 〈자서〉에서

시인의 전반기의 수업기이다. 자신이 쓴 시가 엿장수의 엿 싸는 종이로 사용되다니 시인의 충격은 가히 짐작할 만하다. 시를 잘 쓰고 못 쓰고를 떠나 최선을 다해 쓴 작품이 포장지로 사용되고 있다는 것을 알고는 시인은 심한 자괴감에 빠지고 만다. 그만큼 시에 대한 열정이 남달랐음을 보여주고 있다.

그즈음 시인은 홍진기 선생님을 만나게 된다. 그는 다시 문학의 길로 들어서고 문학에 대한 열정에 불을 붙이게 된다. 여기에서 시조를 만나게 되고 시조에 매력을 느끼게 된다.

1988년 홍진기 선생님이 이웃의 학교로 전근을 오셔서 고향인 함안에서 문인협회를 만들 준비를 하고 계셨고, '함안문학회' 에

제가 들어가게 되었습니다. 그리고 문학에 대한 열정을 다시 불태우기 시작했고, 문학에 대한 이론서도 열심히 보게 되었습니다. 마침 홍 선생님께서 시조시인이셨고, 저도 학교에서 시조에 대한 강의를 하다보니 시조에 대한 이론이나 역사, 우리 민족만이 가진 음악성과 간결미, 압축성 등에 대해 매력을 가지고 푹 빠졌습니다. 창으로 불리어진 시조가 문학 부분은 현대시조로 바뀌어가고, 음악적인 부분은 차츰 시조창으로 이어지면서 시조는 서로 다른 모습으로 전해 오고 있었다는 것도 알게 되었습니다.

—시인의 〈자서〉에서

홍 선생님과의 만남은 시인의 문학에 굽을 틀게 되는 계기가 된다. 얼마 후 시조를 연마한 끝에 서벌, 홍진기 두 선생님의 추천으로 1992년 《시세계》에 등단하게 된다. 그 후 한국문협, 한국시조시인협회, 경남문협, 경남시조시인협회, 가락문학회 회원으로 활동하면서 함안문인협회 회장까지 역임하게 된다.

필자는 2006년 시조창 강의로 함안에 간 적이 있었다. 그때 시인을 만났다. 시조시인이 시조창에 관심을 갖는 것은 당연하지만 시조시인 대부분은 시조창을 외면하기 일쑤이다. 시조를 시조창과 별개의 장르로 생각하기 때문이다. 시인은 여느 시조시인과는 달랐다. 시조의 정체성을 인식하고 있었던 것이다. 지금도 시인이 내 가슴 한 켠에 자리하고 있었던 것도 이러한 이유에서이다.

본 시조집은 등단 후 지금까지 쓴 시조를 한데 묶은 것이다.

2. 시인의 길목에서

시인의 길목은 계절 어디쯤에 있다. 겨울 새벽이나 봄이 오는 길목이기도 하고, 가을이 가는 길목이나 가을밤의 길목이기도 하다. 특히 그에게는 비가 내리는 날이거나, 풀벌레 우는 가을밤은 정처할 곳을 찾지 못해 시조로 자신의 길을 묻곤 한다.

바람에
순응하듯 비가 온다

신호등도
없는데
빗금으로 비가 온다

온종일 내 마음속에는
가위표로 비가 온다

—〈길목 · 6〉 전문

밖에는 비가 내리고 있다. 빗금으로 오고 있다. 세찬 비이다. 내 마음속에서는 빗금으로 오는 것이 아니라 가위표로 비가 내리고 있다. 그것은 비가 섞어 친다는 말이다. 소용돌이 바람 때문에 비가 섞어 치는 것이다. 가위표로 온다는 것은 그만큼 마음이 산란하다는 얘기이다. 화자는 섞어 치는 비로 자신을 이렇게라도 자위해 보고 싶은 것이다.

시는 어떤 해결책을 제시하는 것이 아니다. 그냥 자신의 마음을 어떤 사물로 표현하면 된다. 그것 자체로 시인에게는 위안이 될 수 있다. 이때의 시조는 마음을 치료하는 성찰의 약이 될 수 있다.

누구나 불혹이 되면 지난 세월을 되돌아보게 된다. 앞으로 어떻게 살아갈 것인가를 다짐하게 된다. 불혹은 흔들리지 않는 나이라고 했지만 인생에 있어서 정처하기 어려운 나이이기도 하다. 현실적으로 많은 무게를 짊어지고 가야 할 나이이기 때문이다. 불혹의 한가운데에서 시인은 이렇게 자신에게 물으면서 자신을 추스리고 있는 것이다.

내 삶을 한 짐 지면
빈 바람에도 휘청인다.
돌다리 건너다 말고
문득 뒤를 돌아본다

—〈길목 · 4〉 2연 초 · 중장

남들은 이 무게로
어찌 길을 건너갈까
절망이 반이라지만
희망 또한 반이 넘지
어깨에 또다시 한 번
불끈 힘을 주어본다

—〈길목 · 4〉 3연 초장

〈길목 · 8〉에서도 시인은 불혹을 가을 갈대에 비유했다. 잔잔한 가을바람에도 힘겨워 한다고 했다. 자신에 대한 물음이기도 하지만 인생에 대한 물음이기도 하다. 새하얀 머리칼로 마지막 열정을 하늘에다 뿜는다고 했다. 새하얀 머리칼은 초로를 연상한다. 젊음과 늙음의 변곡점에서 그는 이렇게 흔들리고 있다. 그래서 새하얀 머리칼로 그의 열정을 불태우고자 스스로 다짐하고 있는 것이다.

그러면서도 자신을 비우지 않으면 안된다고 채찍질하기도 한다. 이러한 성찰은 '치열한/ 속 비움만이/ 우주로 가는 길목이다(〈수행〉 1연 종장), 세속은 던져두어야/ 해탈을 이루는 곳(〈금수암〉 2연 종장)' 등 〈수행〉, 〈금수암〉, 〈금수암 주변〉 같은 데에서 나타나고 있다.

3. 역사 현장에서

역사는 무엇인가. 우리 민족이 살았던 과거가 아닌가. 뿌리 없이 꽃을 피울 수 없고 역사 없이 우리는 존재할 수 없다. 뿌리를 알고 역사를 알아야 나를 알 수 있다.

시인은 이러한 역사 현장에서 잠시 머물기도 한다. 〈의령소묘〉, 〈마애불〉, 〈채미정〉, 〈반월성〉, 〈월연정〉, 〈만파식적〉, 〈계림에서〉, 〈악양루〉, 〈첨성대 앞에서〉 등은 그가 머물다 간 역사 현장들이다.

뿌리는 볼 수 없고 들을 수도 없다. 다만 보이지 않는 영양분을 뿌리에서 빨아들일 뿐이다. 보이지 않는다고 보이지 않는 것이 아니요 들리지 않는다고 해서 들리지 않는 것이 아니다. 모든 것은 역사의 근원에서부터 나온다. 그것은 유형, 무형의 자산이다. 그것이 우리의 정체성이기도 하다. 시인은 이를 확인하고자 하는 것이다.

투박한 허리통도

채신머리도 잊은 채

회한의 뒤안길로만

성큼성큼 걸어오더니

오호라,

천년 신라여

네 여기 있었구나.

—〈첨성대 앞에서〉 전문

찬란한 신라의 문화를 한 몸에 받고 있는 첨성대는 우리의 대표적인 유형의 문화유산이다. 첨성대에서 화자가 존재하는 현재 시간과 천년 전의 신라가 만나고 있다. 여기에서 시인은 천년 전의 우리 문화의 아이덴티를 읽어내려 하고 있다.

베르자예프는 시간을 세 가지로 파악했다. 수평적 시간, 수직적 시간, 순환적 시간이 그것이다. 수평적 시간은 역사적 시간으로 측정 가능한 물리적 시간을 말하며, 수직적 시간은 성스러운 시간으로 탈시간화된 정량화할 수 없는 정신적 시간이다. 그리고 순환적 시간은 계기성이 일정한 시간으로 확장된 다음에 다른 방향에서 확장된 시간과 만나는 원으로 상징되는 시간이다.

시인의 시간은 수직적인 성스러운 시간이다. 역사적인 현장에서 천년 전의 시간이 잠시 무화되어 현재의 시간과 만나게 된다.

〈계림에서〉는 천년의 세월을 넘어 충담사가 여기에서 숨쉬고 있다고 했다. 충담사가 있었던 시간이 잠시 현재의 시간으로 무화되어 시인과 만나고 있다.

기파랑 서리 기상
큰 바위에 새겨지고
맑은 개울
흐른 지는
천년이 넘었건만
계림 숲
한 귀퉁이에서
충담사가 숨쉬고 있다.

—〈계림에서〉 2연

〈반월성〉에서도 마찬가지이다. '수천 년/ 장송은/ 묵묵히 줄을 서고, 서라벌/ 후예들만이/ 의기양양 드나든다' 등에서 천년 전의 서라벌 후예들이 현실의 시간 속에서 반월성을 드나들고 있다.

시인에게는 역사의 현장이라 해도 반드시 수직적 시간만으로 인식하고 있는 것 같지는 않다. 〈채미정〉, 〈의령소묘〉, 〈악양루〉 같이 현재의 시간에서 과거를 연상하면서 현재의 상황을 읊조리고 있는 시조들도 있다. 시인이 현재의 시간에서 자신의 과거를 비쳐 보고자 할 때 나타나고 있다. 시인에게 있어서 정체성의 확인은 반드시 필요하다. 근원을 알아야만 자신의 길을 찾아갈 수 있기 때문이다.

시인은 화가의 자취가 남아있는 〈몽마르트르 언덕〉, 대문호 괴테의 그림자가 남아 있는 〈네카어 강〉, 아름다운 전설이 서려 있는 〈로렐라이 언덕에서〉, 프랑스 혁명의 광장, 〈콩코드 광장에서〉 등 외국의 역사 현장을 둘러보기도 한다. 여기에서는 지난날의 역사를 회상하며 객관적 관점에서 현장을 스케치하고 있을 뿐 더 이상의 언급은 없다. 이는 다른 문화에 자신의 견해를 접목시키기에는 다소 낯설었던 것으로 보인다.

4. 꽃을 바라보며

삼국유사 가락국기에는 수로왕이 아유타국의 공주 허황옥과 그 일행을 맞이할 때 난초로 만든 마실 것을 대접하였다는 기록이 있다. 이제현의 《역옹패설》에서는 "밤은 깊어 고요해 달은 휘영청 밝고 난향이 코를 찌르는 듯하니 맑고 그윽한 향기를 말로써 표현할 수 없다."고 하였다. 정도전은 난 향기의 덕을 군자에 비길 수 있다고 하였다. 이렇게 난은 우리나라에서 오래 전부터 자생하여 시인 묵객들의 소재가 되어 많은 사랑을 받아왔다.

실바람도 저어하는
은밀한 안방에는

잔설 앓고 간 곳
정화수 녹아들고

밤이슬
주렴을 걷고
학이 되어 앉았는가

—〈춘란〉의 둘째 연

학의 이미지는 깨끗하고 기품이 있는 선비를 상징한다. 군계일학이란 말이 있다. 선비 중의 선비로 뛰어난 사람을 일컫는다, '주렴을 걷고 난은 한 마리 학이 되어 앉아' 있다고 했다. 〈난 전시회〉에서는 '이슬만 먹고 순백으로 버틴 삶' 이라고 했다.

낱말 하나하나에는 숨은 뜻이 있다. 무의식층에 있는 것들을 의식층으로 끌어올려 거기에 질서를 부여하는 것이 예술이라면 시에 나타난 낱말들은 시인의 의식을 분석할 수 있는 하나의 실마리를 제공해준다. 시인은 선비와 같이 깨끗하고 고결한 삶을 살고 싶었던 것은 아니었을까 생각해본다.

하모니카 선율이듯
단물이 톡톡 튀고
송알송알 열리는
웃는 아기
작은 입

환하게
상큼 내딛는
이른 여름의 한낮

—〈앵두〉 전문

앵두에서 어떻게 하모니카 선율을 연상했을까. 그리고 '송알송알 열리는 웃는 아기 작은 잎' 을 연상했을까. 최소의 노력으로 최대의 효과를 올리는 것은 경제에만 적용되는 원칙이 아니다. 시에도 이 원칙이 적용된다. 바로 은유이다. 은유는 최소의 노력으로 최대의 효과를 올릴 수 있는 최적의 낱말을 선택해야 한다. 그래야 소기의 목적을 달성할 수 있다. 어떤 사물을 다른 사물로 치환시키거나 이동시켜 의미가 생성되는 것만이 아니라, 두 사물의 상호 작용이나 문맥에 의해서도 그 의미가 생성될 수 있다.

한 가지에 다닥다닥 붙은 앵두를 하모니카의 작은 아기 입으로 치환시켰다. 이러한 은유는 아무나 발견할 수 있는 것이 아니다. 많은 사유 끝에 얻어질 수 있는 이미지이다. 사물의 생김새에서 다른 사물을 떠올리는 이러한 연상법은 은유가 제격이다. 한 사물을 다른 사물로 치환시킴으로써 이 두 사물 간에는 파장이 일고 새로운 의미가 창출되면서 독자들에게는 충격을 주게 된다. 그래서 은유는 세상에 하나밖에 없어야 한다. 다시 쓰면 은유는 쓰는 순간 사은유가 되어 버리고 만다. 참신한 은유를 써야 하는 이유가 여기에 있다.

외에 〈자목련〉, 〈목련 · 1〉, 〈목련 · 2〉, 〈찔레」, 〈달맞이꽃〉 등도 이런 의도에서 나름대로 완성도를 높여가고 있는 작품들이다.

시는 사물에 자신을 투영시켜 자신의 생각들을 사물로 하여금 말하게 한다. 어찌보면 시는 사물이 사물에게 말을 거는 것인지도 모른다. 시인은 자신의 이야기를 직접 말하지 않는다. 사물로 하여금 말을 하게 한다. 꽃이 꽃에게 말을 거는 것이지 시인이 시인에게 말을 거는 것은 아니다. 그에게서 꽃은 단순히 애정의 대상만이 아니다. 자신을 꽃으로 파악, 자신을 대신하게 하여 꽃으로 하여금 말을 걸도록 하고 있다.

5. 산, 강가에서

단군이 내려온 곳을 묘향산이라 하고, 산신령에게 제사 지내는 곳을 국사봉이라고 한다. 가물 때면 산에서 기우제를 드리기도 한다. 조상이 묻힌 묘를 산소라 하고, 묘지에 가는 것을 산에 간다고 한다. 승려들이 절에 드는 것을 입산이라고 한다. 속리산 법주사, 지리산 화엄사, 오대산 월정사처럼 사찰명 위에 반드시 산을 붙이기도 한다. 이렇게 산은 예로부터 신성한 곳으로 인식되어 왔다.

시인의 산에 대한 인식은 이러한 맥락과 무관하지 않다.

개선문
바위 돌아도
속세는 따라오고

—〈지리산 · 1〉 종장

마음의
때묻은 시름
씻어내는 저 물소리

—〈지리산 · 3〉 종장

해풍으로 머리 감고
세월에도 의연한

—〈용두산 소묘〉 중장

시인에게 있어서 산은 이렇게 모든 것을 품어주고 치유해줄 수 있는 신성하고도 절대적인 공간으로 인식하고 있다. 〈방어산〉에서 '바뀐 주인 열이 넘어도/ 큰 무게로 지킨 고향' 이라 했고, 〈구룡폭포에서〉는 '구불구불 굉음으로/ 그 힘찬 날갯짓으로// 긴 세월/ 벼랑을 타고/ 승천하는 아홉 마리' 라고 말하고 있다. 〈용두산 소묘〉에서는 세월에도 의연하다고 했다. 이렇게 시인에게 있어서의 산은 모든 것을 보호해주고 받아주는 공동체의 수호자 같은 존재로 자리하고 있다.

이와는 달리 〈지리산 · 2〉, 〈지리산 · 4〉, 〈만물상을 오르며〉에서는 세계에 대해 힘겨워하는 보통의 인간 모습으로 다가오기도 한다. 한 사물에는 언제든 양비론이 있기 마련이다. 절대 권위자의 모습으로 나타나기도 하는가 하면 나약한 인간의 모습으로 나타나기도 한다.

시인에게 있어서 강도 이와 같이 신성하고 절대적인 공간으로 인식되고 있다.

굽이치며 솟구쳐도
울음 하나 들리지 않는
묵묵히 순리대로
유
유
히
맴돌면서

깊숙한

속내로만 운다
그래도 흘러가며

—〈낙동강〉 1연

치마폭을 사리며
남강은 안겨들고
세월은
색깔도 없이
굽이돌며 몸을 섞다
합강의
길목에 서면
물은 하나뿐인 것을

—〈합강정〉 2연

〈낙동강〉은 '깊숙한/ 속내로만 운다'고 했고 〈합강정〉에서는 '세월은/ 색깔도 없이/ 굽이돌며 몸을 섞다' 가는 그러면서도 합강의 길목에서는 하나로 흐른다고 했다. 어떤 세계이건 강은 세계를 탓하지 않는다. 언제든 강은 나무라지도 않고 너그럽게 받아주고 있는 어머니와 같은 존재이다. 예로부터 강도 수신이 거처하는 곳으로 인식하여 강을 신앙의 대상으로 생각해왔다.

6. 일상적인 것들에서

시 〈불면의 밤〉은 단연 돋보인다. 화자의 보이지 않는 속살을 은연중 드러내놓고 있다. 그의 시조는 대부분 객관적 관점에서 사물을 바라보되 자신을 드러내 보이지 않는다. 시는 그렇게 써야 한다. 객관적 상관물을 드라이하게 포장하면 읽는 이로 하여금 시의 맛을 다소 떨어뜨릴 수 있다. 시를 잘 쓴다는 것은 쉬운 일이 아니다. 시인이 비밀리 장치한 코드들이 독자들의 가슴을 울릴 수 있도록 해야 한다. 어떻게 코드들을 배열하느냐는 것은 전적으로 시인들의 몫이다.

잡힐 듯 잡히지 않는
낮익은 기침 소리

보라색 장막을 걷고
미련의 문을 열면

아릿한 바람을 타고
불면의 창을 넘는다

속살이 부끄럽게
겉옷 벗어 놓고

감췄던 사랑이며

눈물까지 꺼내 놓으면

당신은 그리움의 두께만큼

뒷걸음을 치고 있다

—〈불면의 밤〉 전문

'미련, 눈물, 그리움' 등의 추상적인 말들을 구상화시켰다. '미련은 문을 열므로써, 눈물은 꺼내놓음으로써, 그리움은 두께로써' 보이지 않는 것들을 보이는 것들로 구체화시켰다. 보여주지 않을 듯 보여주고, 보여줄 듯 보여주지 않으면서 독자들에게 많은 상상을 할 수 있도록 하고 있다.

어떤 것이 화자를 불면으로 만들었는지는 알 수 없다. 그 무엇이라도 좋다. 다만 어떤 것이든 독자들이 뭉클하게 느낄 수 있으면 된다. 마음 깊이 감추어 두었던 그리움 때문에 그랬으리라는 것은 충분히 생각할 수 있다.

「봄탓」도 수작이다. 떠난 님에 대한 노래인 듯싶다. 그것을 노래로, 그믐달로, 선연한 노을로 폐부 깊숙이 고여 있던 마음을 표출해내고 있다. 이러한 낱말들을 객관적 상관물이라고 하는데 감동을 주기 위해서는 자신의 생각을 나타내줄 수 있는 최적의 낱말들을 골라내야 한다. 그래야 그 낱말은 문맥에서 영원히 살아 있는 감동의 언어가 된다.

가끔은
어깨도 빌려주던 그대였지만
빗장 걸고 돌아앉던
내 분이 넘치던 이
가신 님
허한 모퉁이
목에 차는 이 노래

자운영
무리지어 붉게 퍼진 언덕에다
휑한 폐부 빈 가슴의
그믐달이 등을 대면
악몽은
명치끝에서
온몸을 쑤셔댄다.

삼봉산
마루에다 머문 듯 걸린 낙조
해지고 터진 가슴을
메울 수도 있으리
감아도
선연한 노을
이 어찌 봄탓이랴

—〈봄탓〉

자기 탓을 어찌 봄탓으로 돌리겠는가. 분에 넘치는 가신 님에 허한 모퉁이, 목이 차는 노래이다. 그렇게 해서 그믐달이 등을 대게 만들고 낙조로 텅 빈 해진 가슴을 메울 수 있게 한다. 이 선연한 노을을 어찌 봄탓이라고 하겠는가. 화자는 자신의 아픔을 봄탓으로 돌리고 있다. 그렇게 함으로써 조금이라도 자신을 벗어나 자위라도 하고 싶은 것이다.

시작종은
팽팽한 줄을 당기고
긴장은
시퍼런 칼날이 된다

뜻 모를 문제들이
어지럽게 춤을 추고

지난밤 외운 공식도
잔기침에 사라진다

—〈기말고사〉 1연

가물거리는 의식으로
버텨 앉은 이 책상
고갯마루 힘에 부친
자동차가 숨이 차듯

이따금

한숨 소리가

기적처럼 울려온다

—〈졸업고사〉 2연

시험을 보는 아이들을 관찰하고 있는 모습이 현장감 있게 잘 표현되어 있다. 아이들의 심정을 그대로 대변해주고 있어, 작금의 현실을 그대로 반영하고 있어 가슴이 뭉클하다.

〈가을에 생긴 버릇〉, 〈추억〉, 〈동창회〉, 〈너에게〉, 〈어머니〉, 〈낙엽의 독백〉, 〈낙엽〉, 〈빗돌을 세우고〉, 〈비 오는 날의 바다〉, 〈생각〉, 〈환생〉 등의 작품은 눈여겨볼 만한 수준 있는 작품들이다.

7. 나오며

강재오의 첫 시조집 《불면의 밤》 상재를 축하한다. 시조집 한 권을 낸다는 것은 그리 녹록한 일이 아니다. 몇 년 아니 몇십 년이 걸릴 수도 있다.

양보다는 질이다. 이에 답하는 시조집이 아닌가 한다. 중요한 것은 시를 잘 쓰고 못 쓰고를 떠나 시를 대하는 시인의 태도이다. 시인은 시조를 쓴 지 20년이 다가오는 데에도 시조집 한 권도 내지 않고 있다. 갈수록 지난날의 시조가 마음에 들지 않기 때문일 것이다. 더 이상 머무를 수 없어 용기를 내어 시조집을 내는 것으로 보인다. 첫 시조집은 내야 한다. 그래야 매운 매를 맞을 수 있다. 매는 맞을수록 시인의 상은 깊어지고 아름다운 시조를 쓸 수 있다. 진부하지만 이것은 영원한 진리이다.

시인은 관심사가 다양하다. 골목에서부터 역사의 현장에 이르기까지, 자연에서 일상생활에 이르기까지 그가 살고 있는 곳은 모든 것이 시조이다. 그래도 시인의 시조는 중량감이 있고 연륜이 시조에서 가감 없이 묻어나고 있다. 세상을 보는 눈이 시조의 연조와 함께 그만큼 깊어졌다는 얘기일 것이다.

시조를 읽으면서 앞으로 좋은 작품을 쓸 수 있으리라는 예감이 든다. 더욱 무게 있는 작품을 생산할 수 있으리라 믿는다. 다시 한 번 그의 첫 시조집 《불면의 밤》 상재를 축하한다.